AF226364

LE

29 SEPTEMBRE

DE

L'AN DE GRACE

1833.

LES TROIS OPINIONS.

AMBERT, IMPRIMERIE DE B. GRANGIER.

LE
29 SEPTEMBRE
DE
L'AN DE GRACE
1833.

LES TROIS OPINIONS.

PAR

M. MAURICE ONSLOW.

Paris,

DENTU, LIBRAIRE, AU PALAIS-ROYAL,

HIVERT, QUAI DES AUGUSTINS, 55.

Septembre 1833.

Tous les exemplaires qui ne seront pas revêtus de
ma signature, seront réputés contre-faits.

LE
29 SEPTEMBRE
DE
L'AN DE GRACE
1835.

LES TROIS OPINIONS.

C'est à la Fidélité que l'honneur
a remis le Diadème du Proscrit.

Les grandes catastrophes frappent d'un
caractère sinistre les jours qui ont pâli devant
elles : à ces terribles anniversaires, l'imagina-
tion fixe avec effroi les événemens qui fuient
dans le passé, et se replie aussitôt sur les
chances heureuses des probabilités.

Le 10 août, le 21 janvier, le 25 septembre,
le 13 février, ramènent chaque année leurs

souvenirs de sang, leurs souvenirs parricides, et tourmentent l'âme comme ces apparitions qui réfléchissent leur lumière sépulcrale dans le vague d'un songe pénible.

Tandis que le soleil réchauffe l'ivresse dont le remords a tant besoin, le nom de ces fatales journées est oublié au milieu du tumulte d'une cour impie, au milieu du bonheur passager où perce la flamme du poignard suspendu sur une tête coupable; mais lorsque la nuit arrive avec la pensée, ces époques de massacre sont écrites en lettres de feu sur les murs de cette chambre où un bon roi priait pour son peuple.

Alors l'homme sans foi et sans courage frémit dans la bassesse de son âme, et demande à la ruse et à l'avarice, s'il doit de nouveau entasser l'or que l'imposture arrache aux sueurs d'un peuple magnanime.

Pendant que l'intérêt arrange la réponse, les yeux de l'impie sont éblouis par cette *sentence* :

Le 29 Septembre 1833 de l'ère chrétiennne, Henri V Dieu-Donné, par la grâce de Dieu, roi de France et de Navarre.

L'apparition scintillente lutte encore avec les premiers rayons du jour; elle semble être l'auréole d'une tête proscrite, et la pâle épouvante a besoin de se réfugier sous les aîles du coq gaulois, pour se garantir des rayons qui partent du trône d'un enfant, pour chercher un abri contre la *fortune* du 29 Septembre.

Il est béni du Seigneur, ce grand jour, où l'Église remet à son fils aîné l'épée qui doit défendre ses autels; il est salué par la France, il est proclamé par l'amour; il est inscrit par l'honneur dans les fastes de la légitimité.

Cependant les postes sont doublés à Paris; *le courtisan* sort de sa boutique pour rassurer de citoyennes angoisses; la *Sémonvilisation* * jure sur les forts que la majorité d'un proscrit est un événement qui retentit dans toutes les cours de l'Europe, mais que le reflet du 29 Septembre viendra s'éteindre dans les eaux de la Seine, au chant de la *Parisienne* et de la *Marseillaise* **.

Ces deux airs ont accompagné en cadence les balles et les pavés de juillet; ces deux airs protégeront l'homme qu'il fallait pour comprimer le débordement qui menaçait la société, entre la chute d'une monarchie et l'esprit de 93 qui se réveillait.

* Son nom doit être donné à l'art de feindre.

** La Lyre d'Amphion bâtissait, la *Parisienne* et la *Marseillaise* démolissent............ C'est plus tôt fait.

A 300 lieues de ces *tréteaux*, le soleil *du 29 Septembre* éclaire une autre scène.

Sur un trône ou le vert et le blanc marient leurs couleurs d'amour, l'on admire un jeune adolescent. Son regard modeste et fier se repose sur les yeux de sa valeureuse mère. Il tient une épée d'or offerte par une jeunesse martiale. Il jure sur le livre des Évangiles et sur cette épée, de vivre et de mourir pour son Dieu, pour l'honneur de la France, pour le bonheur du peuple.

Un vieillard est à genoux près de l'orpheline du temple; son regard éteincelle sous *l'âcreté* de toutes les infortunes; il n'a plus qu'à mourir, Dieu est dans son cœur.

Une foule de jeunes hommes accourus de France, déposent aux pieds du trône l'hommage de la portion fidèle des Français; le brave Lavilatte verse des larmes d'amour sur son jeune maître, et le premier cri de vive Henri V, roi de France et de Navarre, est prononcé par un vieux grenadier de la garde de Napoléon.

Le 29 Septembre ne retentit d'aucune action, d'aucun fait d'armes; il brille à côté des trésors de l'avenir; il est le principe d'actions futures, d'équité, d'exploits. Il se combine avec les ressorts politiques de l'Europe, dans la nécessité d'une paix générale.

De cette majorité tant désirée s'élève une puissance d'ordre qui arrête le travail de *la Chrysalide dans sa coque,* avant qu'elle n'ait fait passer à sa génération le fruit de l'imposture des fabricans de rois; car tel est *l'opiniâtre empire* de cette légitimité, qu'il isola Bonaparte vainqueur d'une partie de l'Europe, et ferma à son fils l'entrée du temple de la gloire.

Une heure avant la lieutenance générale, le drapeau rouge était prêt à ombrager l'Hôtel-de-Ville. Le drapeau tricolore flotta un moment entre deux indécisions, et enfin fut fixé jusqu'à nouvel ordre sur le marche-pied de cette parodie de la légitimité.

Cette royauté d'un genre si nouveau jeta alors les yeux sur l'horizon politique.

Elle remarqua l'Angleterre qui essayait de mettre le cabinet de St-James de niveau avec les caractères que notre gloire avait gravés sur les pyramides d'Egypte.

Le poids énorme des événemens de juillet, et l'avortement du projet de république, abaissaient dans la boue notre côté du balancier politique, tandis qu'ils élevaient l'autre, sur les bords de la Tamise, à la hauteur de nos antiques destinées.

Sur cet exaucement, le Léopard, la griffe levée, étendit son avide regard sur cette France qui le fit trembler tant de fois.

Dès-lors ses caprices furent pour le gouvernement du 7 août; des ordres souverains et ses ruses passèrent pour des actes de générosité, dans le système d'une lâche servilité.

L'armée fut envoyée en Belgique; le Léopard fit un signe, l'armée évacua la Belgique.

Devant un spectale pareil donné à l'hillarité de l'Europe, les idées de juillet, trempées dans le sang de milliers de citoyens désintéressés, pouvaient-elles rester fidèles sur une base d'impostures?

Non! leur marche étant détournée par tout ce qu'il y avait de plus anti-national, elles prirent une autre direction; de-là cette multitude de nuances d'idées politiques.

Dans le principe, elles étaient émanées de la même pensée, mais elles se séparèrent alors pour se jeter dans divers égaremens.

Quelques-unes cependant, arrêtées par le remords, rétrogradèrent sur cet affreux chemin, où le cœur se brisait contre les débris du trône des Louis XII et des Henri IV.

D'autres se fixèrent sur ce bonnet rouge qui représentait à leurs rêves la tête abattue de tous les rois de l'Europe. Il y en eut qui virent dans la maison d'Autriche une éteincelle de gloire capable de faire tressaillir les cendres du tombeau de Sainte-Hélène.

Les plus intéressées s'attachèrent aux circonstances du moment, sans s'inquiéter de la France, de son honneur, de ses destinées.. Elles prirent place là où se trouvait bien le corps et où l'âme ne sentait rien : ces idées formèrent l'opinion du juste-milieu.

En ne voyant que lui, ce centre de toutes les bassesses politiques mit son précieux intérêt entre le généreux élan de la France et les flammes de Varsovie : l'incendie secoua ses brûlantes éteincelles sur l'âme d'une jeunesse dévouée à cette seconde gloire invaincue; *

Elle offrit son sang à la Pologne expirante; il fut rejeté, parce qu'il avait été suspect aux journées du 5 et du 6 juin, et que *la Pologne était condamnée à périr!* Varsovie succomba, l'Europe poussa un cri de douleur....... L'on dansait aux Tuileries !

---

* Il y a un rapport touchant entre le carnage de Vaterloo et la prise de Varsovie.

Tant d'écoles, de corruption, devaient nécessairement séparer de cette troupe de jongleurs, des hommes qui avaient mis leurs principes, comme leur vie, à la bouche du canon : aussi le juste-milieu fut-il renié par tout ce qu'il y avait de plus estimable dans la révolution de juillet. Après ce triage, le rebut continua d'adorer le pouvoir du *parjure;* mais c'est l'encens de la *Sémonvilisation,* depuis un plat modèle, jusqu'aux copies les plus obscures. * **.

C'est ainsi que l'infidélité aux promesses de juillet fit dépasser à cette jeunesse *légère* d'argent et d'ambition, les limites tracées par le pacte que la rébellion et la haine avaient fait entre les mains de Lafayette.

Comme les conditions en étaient écrites avec le sang des vainqueurs et des vaincus, il fallait que la jeune France passât par bien des impressions pour se tourner contre un gou-

---

* Et l'avenir de tout cela ? ..... La droite et la gauche s'uniront pour anéantir le centre, et mettront à sa place l'espérance de leurs diverses couleurs.

** Il y a émeute chez les couleurs du vieux drapeau ; le rouge veut être maître du tissus, et secoue son bonnet pour faire prendre la volée à l'oiseau de juillet.

vernement qu'elle avait élevé sur des pavés mouvans.

En voulant détruire ce qu'elle avait fait, elle reconnaissait authentiquement un principe vicieux dans son œuvre. L'Égarement du désespoir veut aujourd'hui en substituer un autre qui a ses brillantes illusions dans une grande générosité de sentimens.

Tout pleins d'amour pour les conditions de juillet, les vainqueurs préféraient la nouvelle constitution à tout autre ordre de choses; mais les promesses ont trop à rougir devant la foi du serment...... Il y a impénitence finale!....

Les conséquences viennent donc jeter sur la cause une affreuse clarté qui découvre toute la corruption que voudraient envain cacher des dehors patriotiques; alors l'amour du pays rêve au moyen de réunir tous les cœurs, tous les bras contre l'étranger, prêt à se faire jour par cette *grande lézarde* qui sillonne notre édifice social.

Les lys et le nom immortel d'Henri IV ne peuvent plus servir de raliement pour la défense de la patrie. La *tête* du *ventre* * aime

---

* L'on s'est aperçu qu'il en avait une depuis l'expédition nocturne de Chantilli, et l'escamotage testamentaire.

mieux augmenter les registres de la percep-
tion, que d'ajouter une page aux annales de
la gloire nationale.

Ainsi, cette impressionnable jeunesse ra-
masse les lambeaux du vieux bonnet rouge
déchiré sous des débris de guillotine, et en
fait le guidon de ses espérances... Il fut cou-
ronné de lauriers dans l'armée républicaine,
elle voudrait maintenant en coiffer toute
l'Europe..... Certes, le rêve peu faire le tour
du monde jusqu'au moment du réveil.

En France, où les idées sont si mouvantes,
où la nouveauté même entourée de catastrophes, a la préférence sur tout ce qui est antique et heureux, la pensée d'un bouleversement général ne rencontre aucun obstacle
dans *les graves illusions* du quatrième lustre.

Le parti républicain semble voir déjà le
bonnet de la liberté sur les tours de Notre-
Dame, et de là sur tous les clochers de la
chrétienté ; mais du château de Gibraltar,
jusqu'au Cremlin, il y a une route hérissée de
puissantes monarchies ; il faut alors que ce
léger *couvre-chef** soit précédé par de fortes
armées et surtout par beaucoup d'argent.

---

* *Couvre-sens* est plus vrai, mais moins poli.

— 15 —

Il y a beaucoup de générosité chez la portion civilisée du parti républicain; il a peu de prévoyance, parce qu'il y a peu d'années derrière son âge. Quant à de l'argent, il en fait trop peu de cas pour se mettre en peine d'en avoir ou d'en conserver.

Il ne peut donc se servir que de fer contre le ventre, et même du *bois* suffirait.*

Vainqueur en France, il présentera ses théories aux peuples voisins; il argumentera sur le malheur d'être gouverné par des rois; il montrera la charte de Louis xviii déchirée par les 221; il étendra sur son rouge étendard la charte des barricades mutilée comme un Suisse de Charles x.

Où donc trouver la garantie du bonheur des peuples, si ce n'est sur le fauteuil qui désormais doit dominer la société, puisque cette garantie a échappé du trône de Louis xvi, de celui de Charles x, et qu'elle recule *même* en face du serment de la royauté bourgeoise!!

De plaies en plaies, de cures en cures, un *profond raisonnement* veut niveler au rang des

---

* Le ventre crevé ou battu, le bonnet rouge sera l'avant-garde des Lys. A Dieu ne plaise que mon intention soit de mortifier individuellement ou en masse. Une opinion quelconque ne s'identifie jamais avec la personne.

petits une douzaine *d'individus*, à moins que leurs peuples veuillent bien changer une couronne en un bonnet de président........ Encore risqueraient-ils d'établir ainsi une république sur des institutions monarchiques, et dans les *vastes* idées des ennemis du Diadême, il n'y a rien de *souverain.*

Cette mâle jeunesse a cependant la ferme résolution d'être le rempart où s'arrêtera la fermentation populaire.... Une seule digue de la Hollande rompue, et les eaux de la mer ont englouti des contrées entières !

Si la force physique et numérique des républicains appartenant aux mœurs et à l'éducation, vallait la force morale qui les distingue, leur élan patriotique serait à couvert d'un débordement populaire ; mais pourront-ils s'opposer aux effets de l'ignorance et de la fureur ? Empêcheront-ils la guillotine de percer ce quarré où ils pensent conserver les lois éternelles du bonheur des peuples ? La guillotine jouera, ces jeunes têtes tomberont, et les esprits vitaux vaudront bien le rêve que la déception fit entre la légitimité et sa parodie.

Lorsque les lois de juillet furent proclamées, qui des combattans les eût trouvées mauvaises ?

les ministres alors étaient des *Cincinnatus.*

Le soldat, l'artisan, le riche, le cocher de fiacre, le porte-faix, le courtisan, le chiffonnier, saluaient l'égalité! Les poignées de mains le prouvaient au milieu des barricades humides de sang : mais aujourd'hui, allez en demander une au marquis de Sémonvile; il vous présentera les basques de son habit, à vous loisir de les baiser, si cela vous convient.

Dans ces temps fortunés de bouleversement et d'égalité, les Lucullus qui nous gouvernent portaient le masque de Cincinnatus........ Ce plâtre les gênait, ils l'ont quitté depuis l'état de siége de Paris; et tout en admirant la frugalité du Romain, ils accablent d'impôts celle du cultivateur, et dînent avec sa faim.

Ainsi cette puissance d'argent, qui fixe, l'arme au bras, près de toutes les spéculations pécuniaires du royal percepteur, barricade le pouvoir avec ces matières boueuses, résidu politique que l'avortement du projet de république déposa dans le creuset de M. Dupin,

Mais maintenant le soleil du 29 Septembre darde sur ces tristes mollécules, qu'il sépare, et perce jusqu'aux Tuileries, où il éclaire la rougeur que la honte répand enfin sur le front de certains hommes du milieu.

Comment, en effet, rester avec pudeur près de cet avarre Barème, tandis que le mépris lui sert de manteau royal, que, d'un côté, la république secoue ses sombres couleurs, et que, de l'autre, toutes les puissances de l'Europe saluent la majorité d'Henri V?

Le pouvoir est flanqué de l'armée, dit-on. Pourquoi? parce qu'elle est bien payée et que le payeur est riche. A ce titre, Rotschild peut payer, gratifier aussi bien; et si l'argent passe avant l'honneur dans l'esprit de l'armée, pourquoi le baron ne serait-il pas aussi de la fabrique des majestés nouvelles?

Les cohortes romaines nommaient et déposaient les empereurs; elles méprisaient leur or; comment celui du plus riche citoyen de France pourrait-il commander à des officiers français?..... C'est une erreur injurieuse pour l'épée. Dans notre pays, elle salue la victoire que son aimant sait attirer, mais ne s'abaisse jamais devant l'argent.

Comme il n'y a point de gloire dans l'usure, dans les affermes de chasse, dans les ventes de feuilles d'arbres, elle est tirée uniquement pour la France; car elle ne pourrait que se présenter *obliquement* à celui qui fait des *obliques à droite, à gauche* et au *centre* *.

D'ailleurs, comment ferait-il autrement ? Il y a dans l'édifice social une crevasse où rien ne peut être solide et durable; tout y est en suspens, sale et provisoire. Chacun y garde son emploi pour le conserver sous *le bien-venu.*

Le prêtre balbutie le *Salvum*, quoiqu'il l'entoure de toutes les restrictions mentales. Le juge se découvre gauchement quand il prononce un nom qui ne doit pas plus figurer dans un acte que dans l'histoire. Taleyrand lui-même n'a plus cette assurance qui bravait la fidélité; son flexible visage, se combinant avec les élémens du 7 août et les probabilités du 29 Septembre, d'un côté sourit à Prague, de l'autre exprime à son cinquième maître un compliment de condoléance.

En effet, la majorité d'Henri V fixe bien des incertitudes. L'espérance, si souvent alarmée, se repose enfin sur cette époque solennelle, et jouit avec bonheur de tout ce qu'elle découvre devant elle. Ainsi le voyageur arrivé au sommet d'une montagne escarpée, plonge son regard satisfait dans des plaines fertiles qui renferment la paix et les richesses.

---

* Depuis le 7 août, tout marche obliquement, depuis les rouages jusqu'à la manivelle et le maître ouvrier.

De Prague, le roi de France s'unit à la Sainte-Alliance pour repousser l'usurpation. Dès ce moment, l'usurpation devient incompétente dans tous les cabinets de l'Europe. Le 29 Septembre infirme et frappe de nullité tous les actes d'un pouvoir, véritable ouragan, qui ravage les produits du laboureur, obscurcit un moment la lumière du soleil, mais est bientôt dissipé par l'astre dont les révolutions de l'air ne peuvent changer le cours.

———

Le parti des légitimistes ne peut se dissoudre; il se nourrit des catastrophes de la terreur; il a derrière lui le sang de son roi, le sang de ses pères, et devant lui sa religion.

Le juste-milieu et l'enthousiasme républicain viennent d'événemens orageux, où se refoulent les passions de l'envie, de l'orgueil, de la haine. Tout est amour, au contraire, dans l'opinion royaliste : elle est assise sur les tombes en face de l'échaffaud de Louis XVI, en face des palmes de la Vendée.

Elle s'échappe du cœur du prêtre, et ne

laisse que de vaines paroles à l'usurpation, tandis que sa pensée s'élève à Dieu. Elle repose sur les tronçons de la croix brisée par l'impie. Elle s'unit aux idées nobles et délicates qui donnent tant de force à l'âme des Françaises.

Elle nous est inspirée par une mère à qui nous devons les beaux jours de notre vie, par une épouse dont l'active pensée s'insinue sans cesse dans tous les replis de notre âme *.

Ainsi, les dames françaises que la loi salique devrait rendre *neutres* ** en fait de questions de trône, entourent de leurs vœux celui du jeune proscrit, et le pavoisent de tout ce que l'honneur a de sacré.

Le juste-milieu, sans naissance, sans avenir, absorbe toute espèce de mouvement patriotique. La république, qui n'est qu'une planche

---

** Les femmes oublient toujours *leur propre rancune* pour s'occuper de l'honneur, et l'on sait bien que la légitimité est son berceau, dans notre pays.

* Cette pensée est toujours inhérente là où nous aimons, malgré *même* les siècles qui se traînent quelquefois depuis l'hymen jusqu'au tombeau.

Le mariage et la légitimité ont une puissance d'amour que le temps ne peut atteindre.

ensanglantée, jetée entre le trône de Prague et *le saut de coupe* du 7 août, présente à la raison comme à l'humanité, l'impérieux devoir de franchir ce terrible auxiliaire, et d'arborer les couleurs d'Yvri, sans mettre un rouge sombre à la place de l'immortel étendard d'Austerlitz.

L'opinion légitimiste n'est arrêtée par aucun scrupule patriotique, aucun remords; elle touche d'un côté à l'échafaud de Louis XVI; de l'autre au trône d'Henri V; et les cyprès du 24 janvier se confondent avec les jeunes lys du 29 Septembre.

A cette époque solennelle de majorité, qui fixe tant d'hésitations sur le territoire de Prague, que le parti républicain jette les yeux sur les tombes de ces vierges timides entraînées sur l'échafaud par l'héroïsme de la religion et de la fidélité; qu'il *isole* ses fougueuses pensées dans le sang versé par ses prédécesseurs, il le verra bouillonner des crimes de l'avenir à côté des crimes du passé!

Les vertus patriotiques ne sauraient empêcher qu'il ne suinte sur la brillante chimère qui veut changer la France en une Rome ennemie de ses rois, et la reconnaissance que le pays offrira à un Brutus ne pourrait sauver sa tête des proscriptions d'un nouveau Sylla.

La toile qui partageait le théâtre de l'Europe entre la vérité et son *simulacre* vient de se détacher de la couronne du jeune Proscrit. D'un côté s'élève le trône d'Henri Dieu-Donné, de l'autre s'abaisse dans le vide, cette sommité qui en était sortie.

Les peuples du Nord et de l'Orient saluent les premiers rayons de la *fortune* de la France. Une mère tendre et magnanime offre le jeune Joas au Seigneur et à sa cause sacrée; les lévites, couvrant la tête du roi de leurs boucliers d'or, remplissent les voûtes du temple de l'hymne de la fidélité..... Tandis que le vil Assyrien, penché sur ses trésors, croit se fortifier dans sa coupable Babylonne, contre le bras du Seigneur, qui va rendre à l'orphelin l'héritage de son antique race.

MAURICE **ONSLOW**,

PETIT-FILS DE LORD ONSLOW,

Pair d'Angleterre.